# Nn

net

pan

nest

sun

nail

neck

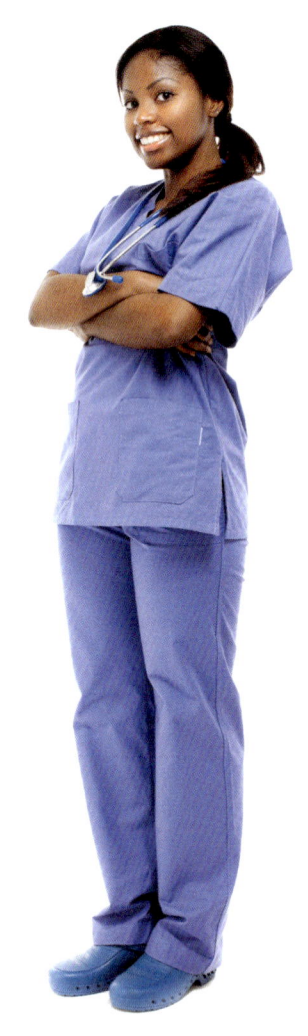

nurse

peanut

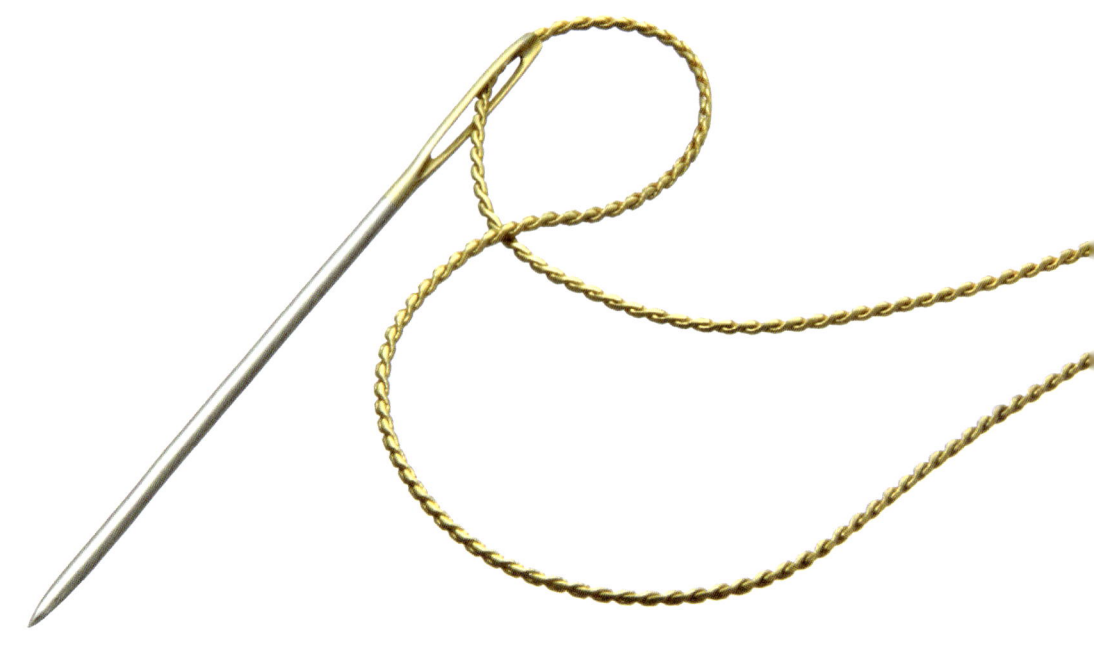

n n n n n

n n n n n

# Nn

net

pan

nest

sun

nail

neck

nurse

peanut

The picture on page 12 is of a **needle**.

### Ransom Alpha Stars

| | | |
|---|---|---|
| Aa | Rr | sh |
| Bb | Ss | th |
| Cc | Tt | ng |
| Dd | Uu | ai |
| Ee | Vv | ee |
| Ff | Ww | oa |
| Gg | Xx | igh |
| Hh | Yy | oo |
| Ii | Zz | ar |
| Jj | | or |
| Kk | ck | ur |
| Ll | ff | ow |
| Mm | ll | oi |
| **Nn** | ss | ear |
| Oo | zz | air |
| Pp | | ure |
| Qu/qu | ch | er |

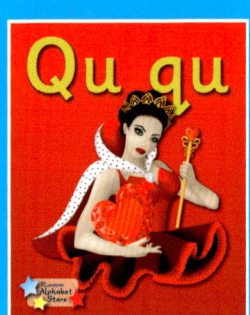

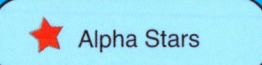